Wahrhaft königlich!

Du krönst dein Medaillon, Filet oder Steak mit leckeren Krusten und Hauben, mal mit knackigen Nüssen oder Kernen, mal mit aromatischen Kräutern, immer aber mit Wow-Effekt.

Chic ummantelt präsentierst du Filet, Roastbeef und Pouletbrüstli, du verblüffst mit raffinierten Panaden. Ein Speck- oder Kräutermantel sorgt für besondere Raffinesse.

Damit auch du diese Verwöhnmomente ganz entspannt mit deinen Lieben geniessen kannst, lassen sich alle Rezepte in diesem Buch vorbereiten.

Eins ist sicher: Du bekommst für deine königlichen Gerichte fünf Hauben von deinen Lieben und wirst zur Queen oder zum King des Abends gekrönt. Viva und viel Genuss!

Dein Betty Bossi Team

Ursina,
Rezeptredaktorin

Entspannte Verwöhnmomente

Die Rezepte in diesem Buch sind für Verwöhnmomente gedacht. Damit du diese ebenfalls geniessen kannst, sind alle unsere Rezepte zum Vorbereiten. So bleibst du entspannt und erledigst vor dem Servieren nur noch letzte Handgriffe.

Inhalt

Erstklassige Ofenplatte

Fleischsaft für einen Jus verwenden (S. 9).

Der Teller-Trick

Einen kleinen Teller umgedreht auf einen grösseren Teller legen. Das heiss angebratene Fleisch schräg auf den kleinen Teller legen, so kann sich der Saft auf dem grossen Teller sammeln und das Fleisch liegt nicht im Saft.

Schöne Optik

Der langlebige Aluguss aus 100 % recyceltem Material sorgt für eine ideale Hitzeverteilung und gleichmässige Bräunung ohne Verbrennen.

Geling-Garantie

Das Fleisch bleibt saftig und zart, Haube und Kruste werden schön kross.

Handhabung

Die Ofenplatte ist dank ihrer länglichen Form gut in der Handhabung und kann auch als Servierplatte verwendet werden.

Knusper-Ofenplatte

Fleisch heiss anbraten, auf die Knusper-Ofenplatte legen, Haube oder Kruste auf dem Fleisch verteilen und überbacken. Die Platte eignet sich hervorragend für Filet im Teig, da der Boden schön knusprig wird.

Mise en place ist die halbe Miete

Fleisch, Fisch oder Gemüse wie im Rezept beschrieben vorbereiten und anbraten. Kruste oder Haube zubereiten, darauf verteilen, auf die Ofen- und Grillplatte legen, zugedeckt bis zum Eintreffen der Gäste im Kühlschrank aufbewahren.

Perfekt
vorbereitet!

Sauce gefällig?

Nach dem Anbraten von Fleisch bleibt wertvoller Bratsatz in der Pfanne. Wenn du diesen mit Flüssigkeit ablöschst und etwas einkochst, hast du einen feinen Jus oder eine prima Basis für eine Rahmsauce.

1 Bratsatz

Das Anbraten von Fleisch oder Poulet ergibt leckeren Bratsatz für deine Sauce.

2 Ablöschen

Giesse Flüssigkeit (Ideen rechts) zum Bratsatz, löse den Bratsatz auf, lass die Flüssigkeit etwas einkochen, dann nur noch abschmecken, fertig ist dein Jus.

3 Milchprodukt beigeben

Wenn du eine sämige Sauce möchtest, gibst du Vollrahm oder Saucen-Halbrahm bei, gut verrühren und etwas einkochen, nochmals abschmecken.

Flüssigkeiten zum Ablöschen

- alkoholfreier Apfelwein
- Apfelsaft
- Bier
- Bouillon
- Fleischsaft
- Fond
- Grappa, Cognac, Whisky
- Rot-, Weiss- oder Portwein
- Sherry
- trockener weisser Vermouth
- Wasser

Milchprodukte

Vollrahm, Saucen-Halbrahm, Mascarpone oder Crème fraîche kannst du gut und auch länger mitkochen. Dies gilt auch für pflanzliche Rahmalternativen und Kokosmilch.

Festliche Krusten & Hauben

Die Basis-Kruste

100 g Paniermehl oder Panko
50 g Butter, weich
1 Bund Kräuter, fein geschnitten
½ TL Salz
wenig Pfeffer

Alles in einer Schüssel mischen.

Statt Paniermehl

kannst du getrocknete Reste von Sonntagszopf, Brot, Sauerteigbrot oder einem Laugenkranz im Cutter fein hacken.

Statt Kräuter

kannst du abgeriebene Zitronen- oder Orangenschale, Curry, Paprika, gehackte Kapern oder Oliven verwenden.

Statt Butter

kannst du Kokosöl, Olivenöl oder Ghee (geklärte Butter) verwenden.

Schweinssteaks mit Kräuterkruste

25 Min. + 12 Min. backen **laktosefrei**

Für die Ofen- und Grillplatte antihaft oder ein Backblech

1 EL	**Öl**	Öl in einer Bratpfanne heiss werden lassen. Fleisch würzen, beidseitig je ca. 2 Min. anbraten. Herausnehmen, auf einem Teller auskühlen.
4	**Schweinssteaks** (z. B. Nierstück, je ca. 160 g)	
½ TL	**Salz**	
wenig	**Pfeffer**	
1	**frisches Ei**	Ofen auf 220 Grad vorheizen. Ei in einer Schüssel verklopfen. Thymian, Rosmarin und Salbei fein schneiden, beigeben. Nüsse und Cranberrys grob hacken, beides mit dem Panko und dem Öl daruntermischen, würzen.
4	**Zweiglein Thymian**	
3	**Zweiglein Rosmarin**	
3	**Zweiglein Salbei**	
50 g	**Pekan-Nüsse**	
40 g	**getrocknete Cranberrys**	
25 g	**Panko** oder Paniermehl	
2 EL	**Olivenöl**	
¼ TL	**Salz**	
wenig	**Pfeffer**	
4	**Tranchen Rohschinken**	Steaks auf die Ofen- und Grillplatte oder auf ein Backblech legen. Je 1 Tranche Rohschinken darauflegen, Kräutermasse darauf verteilen, etwas andrücken.
		Backen: ca. 12 Min. in der oberen Hälfte des Ofens. Herausnehmen, ca. 5 Min. auf der Platte ruhen lassen.

Dazu passt: Risotto, Bratenjus (S. 8).

Portion (¼): 448 kcal, F 26 g, Kh 13 g, E 41 g

Lässt sich vorbereiten

Steaks einige Stunden im Voraus anbraten, auskühlen, mit der Masse belegen, zugedeckt auf der Ofen- und Grillplatte bis zum Backen im Kühlschrank aufbewahren. Die Backzeit bleibt gleich.

Köstlich mediterran!

Schweinsmedaillons mit Party-Haube

30 Min. + 25 Min. backen

Für die Ofen- und Grillplatte antihaft oder ein Backblech

1 TL	**Edelsüss-Paprika**	Ofen auf 220 Grad vorheizen. Paprika, Salz und Pfeffer mischen, Fleisch damit würzen. Je eine Specktranche um die Medaillons wickeln, auf die Ofen- und Grillplatte oder aufs Blech legen.
¾ TL	**Salz**	
wenig	**Pfeffer**	
8	**Schweinsmedaillons** (je ca. 80 g)	
8	**Tranchen Bratspeck**	
200 g	**Crème fraîche**	Crème fraîche, Tomatenpüree und Cognac verrühren, salzen, die Hälfte davon in eine Schüssel geben. Toastbrot in Würfeli schneiden, mit den Mandeln in die Schüssel geben, mischen. Masse auf den Medaillons verteilen, etwas andrücken. Restliche Sauce beiseite stellen.
2 EL	**Tomatenpüree**	
2 EL	**Cognac**	
¾ TL	**Salz**	
6	**Scheiben Toastbrot**	
30 g	**Mandelblättchen**	
		Backen: ca. 25 Min. in der unteren Hälfte des Ofens. Herausnehmen, Medaillons anrichten. Restliche Sauce dazu servieren.

Dazu passt: Reis, Salat.

Portion (¼): 576 kcal, F 31 g, Kh 22 g, E 48 g

Lässt sich vorbereiten

Fleisch einige Stunden im Voraus mit der Masse belegen. Fleisch zugedeckt auf der Ofen- und Grillplatte bis zum Backen im Kühlschrank aufbewahren. Die Backzeit bleibt gleich.

Schüfeli-Jalousie mit Kruste

30 Min. + 35 Min. backen

Für die Ofen- und Grillplatte, antihaft oder ein Backblech, mit Backpapier belegt

1	**Zwiebel**	Ofen auf 200 Grad vorheizen. Zwiebel schälen, fein hacken, in eine Schüssel geben. Schnittlauch, Petersilie und Rosmarin fein schneiden, mit Butter, Paniermehl, Käse und Worcestershire-Sauce beigeben, mischen. Kruste würzen, beiseite stellen.
1 Bund	**Schnittlauch**	
½ Bund	**Petersilie**	
2	**Zweiglein Rosmarin**	
25 g	**Butter,** weich	
3 EL	**Paniermehl**	
3 EL	**geriebener Parmesan**	
2 TL	**Worcestershire-Sauce**	
wenig	**Pfeffer**	
1	**ausgewallter Blätterteig** (ca. 25 × 42 cm)	Teig entrollen, längs und quer halbieren. Frischkäse und Senf verrühren, auf den Teigmitten verteilen. Schüfeli in 4 Tranchen schneiden, darauflegen. Ei verklopfen. Die Schmalseiten des Teiges übers Schüfeli legen, Teigränder mit wenig Ei bestreichen. Längsseiten ebenfalls einschlagen, etwas andrücken. Jalousien mit der Naht nach oben auf die Ofen- und Grillplatte oder aufs vorbereitete Blech legen. Teig mit dem restlichen Ei bestreichen.
125 g	**Doppelrahm-Frischkäse**	
2 EL	**grobkörniger Senf**	
1	**Mini-Quick-Schüfeli** (ca. 400 g)	
1	**Ei**	
		Backen: ca. 20 Min. in der Mitte des Ofens. Herausnehmen, beiseite gestellte Masse auf dem Schüfeli verteilen. **Fertig backen:** ca. 15 Min. Herausnehmen, anrichten.

Dazu passt: Sauerkraut.

Portion (¼): 717 kcal, F 51 g, Kh 35 g, E 31 g

Lässt sich vorbereiten und Tipp

Schüfeli-Jalousie einige Stunden im Voraus vorbereiten, zugedeckt auf der Ofen- und Grillplatte bis zum Backen im Kühlschrank aufbewahren. Die Masse separat zugedeckt kühl stellen. Die Backzeit bleibt gleich.
Statt grobkörnigen Senf Honigsenf verwenden.

ES IST
angerichtet

Koteletts mit Pilzkruste

30 Min. + 12 Min. backen **laktosefrei**

Für die Ofen- und Grillplatte antihaft oder ein Backblech

1 EL **4** **¾ TL** **wenig**	**Öl** **Schweinskoteletts** (je ca. 250 g) **Salz** **Pfeffer**	Öl in einer Bratpfanne heiss werden lassen. Fleisch würzen, beidseitig je ca. 3 Min. anbraten. Herausnehmen, auf einem Teller auskühlen.
1 **100 g** **1 EL** **½ Bund** **100 g** **2 EL** **¼ TL** **wenig**	**Schalotte** **Champignons** **Olivenöl** **glattblättrige** **Petersilie** **geriebener Gruyère** **Paniermehl** **Salz** **Pfeffer**	Ofen auf 220 Grad vorheizen. Schalotte schälen, fein hacken. Champignons grob hacken. Öl in derselben Bratpfanne warm werden lassen. Schalotte und Pilze ca. 5 Min. andämpfen, etwas abkühlen. Petersilie fein schneiden, mit dem Käse und dem Paniermehl daruntermischen, würzen.
		Koteletts auf die Ofen- und Grillplatte oder aufs Blech legen. Masse auf den Koteletts verteilen, etwas andrücken.
		Backen: ca. 12 Min. in der oberen Hälfte des Ofens. Herausnehmen, Koteletts ca. 5 Min. auf der Platte ruhen lassen, anrichten.

Lässt sich vorbereiten: Koteletts einige Stunden im Voraus anbraten, auskühlen, mit der Masse belegen, zugedeckt auf der Ofen- und Grillplatte bis zum Backen im Kühlschrank aufbewahren. Die Backzeit bleibt gleich.

Dazu passt: Risotto, Bratenjus (S. 8).

Portion (¼): 451 kcal, F 27 g, Kh 4 g, E 49 g

Vegi-Tipp

Für 1 Person: 1 Spitz-Peperoni längs halbieren, entkernen, mit ¼ der Masse füllen. Backen wie oben.

Schweinsmedaillons mit Popcorn-Kruste

25 Min. + 10 Min. backen — glutenfrei

Für die Ofen- und Grillplatte antihaft oder ein Backblech

1 EL	**Öl**	Öl in einer Bratpfanne heiss werden lassen. Fleisch würzen, beidseitig je ca. 2 Min. anbraten. Herausnehmen, auf einem Teller auskühlen.
12	**Schweinsmedaillons** (je ca. 50 g)	
¾ TL	**Salz**	
wenig	**Pfeffer**	
25 g	**gesalzenes Popcorn**	Ofen auf 220 Grad vorheizen. Popcorn fein hacken, Petersilie fein schneiden, beides mit der Butter und dem Curry mischen, würzen. Medaillons auf die Ofen- und Grillplattte oder auf das Blech legen. Masse auf den Medaillons verteilen, etwas andrücken.
3	**Zweiglein glattblättrige Petersilie**	
60 g	**Butter,** weich	
½ TL	**milder Curry**	
¼ TL	**Salz**	
wenig	**Pfeffer**	
		Backen: ca. 10 Min. in der oberen Hälfte des Ofens. Herausnehmen, Medaillons anrichten.

Dazu passen: Nudeln.

Portion (¼): 347 kcal, F 22 g, Kh 4 g, E 34 g

Lässt sich vorbereiten und Tipp

Medaillons einige Stunden im Voraus anbraten, auskühlen, mit der Masse belegen, zugedeckt auf der Ofen- und Grillplatte bis zum Backen im Kühlschrank aufbewahren. Die Backzeit bleibt gleich.
Statt Curry Edelsüss-Paprika verwenden.

Ganz grosses Kino!

Schweinsnierstück mit Silserhaube

30 Min. + 80 Min. garen im Ofen   laktosefrei

Für die Ofen- und Grillplatte antihaft oder ein Backblech

1½ EL	**Öl**	Öl in einer Bratpfanne heiss werden lassen. Fleisch würzen, rundum ca. 8 Min. anbraten, erst wenden, wenn sich eine Kruste gebildet hat. Herausnehmen, auf einem Teller auskühlen.
800 g	**Schweinsnierstück**	
wenig	**Cayennepfeffer**	
1 TL	**Salz**	
1	**Ei**	Ofen auf 120 Grad vorheizen. Ei in einer Schüssel verklopfen. Brötli in Würfeli, Schnittlauch fein schneiden, beides beigeben. Von der Orange die Schale dazureiben, Senf und Öl daruntermischen, salzen. Fleisch auf die Ofen- und Grillplatte oder aufs Blech legen. Masse auf dem Fleisch verteilen, etwas andrücken.
100 g	**Silserbrötli**	
1 Bund	**Schnittlauch**	
1	**Bio-Orange**	
3 EL	**süsser Senf**	
1 EL	**Olivenöl**	
¼ TL	**Salz**	
		Garen: ca. 80 Min. in der Mitte des Ofens. Herausnehmen, zugedeckt ca. 10 Min. ruhen lassen. Fleisch quer zur Faser tranchieren, anrichten.

Dazu passt: gedämpftes Gemüse, Bratenjus (S. 8).

Portion (¼): 405 kcal, F 16 g, Kh 16 g, E 49 g

Lässt sich vorbereiten

Fleisch einige Stunden im Voraus anbraten, auskühlen, mit der Masse belegen. Fleisch zugedeckt auf der Ofen- und Grillplatte bis zum Backen im Kühlschrank aufbewahren. Die Backzeit bleibt gleich.

Schweinssteaks mit würziger Haube

35 Min. + 12 Min. backen

Für die Ofen- und Grillplatte antihaft oder ein Backblech

1 EL	**Öl**	Öl in einer Bratpfanne heiss werden lassen. Fleisch würzen, beidseitig je ca. 2 Min. anbraten. Herausnehmen, auf einem Teller auskühlen.
4	**Schweinssteaks** (z. B. Nierstück, je ca. 160 g)	
¾ TL	**Salz**	
wenig	**Pfeffer**	
4	**Scheiben Toastbrot**	Ofen auf 220 Grad vorheizen. Toastbrot in Würfeli schneiden, in eine Schüssel geben. Käse grob dazureiben, Knoblauch dazupressen. Petersilie und Thymian fein schneiden, Pistazien grob hacken, alles beigeben. Von der Zitrone die Hälfte der Schale dazureiben. Butter, Salz und Pfeffer beigeben, gut mischen.
50 g	**Gruyère**	
1	**Knoblauchzehe**	
½ Bund	**glattblättrige Petersilie**	
4	**Zweiglein Thymian**	
2 EL	**ungesalzene geschälte Pistazien**	
1	**Bio-Zitrone**	
80 g	**Butter,** weich	
½ TL	**Salz**	
wenig	**Pfeffer**	
		Steaks auf die Ofen- und Grillplatte oder aufs Blech legen. Masse auf den Steaks verteilen, etwas andrücken.
		Backen: ca. 12 Min. in der oberen Hälfte des Ofens. Herausnehmen, Steaks ca. 5 Min. auf der Platte ruhen lassen, anrichten.

Dazu passt: Blattsalat.

Portion (¼): 501 kcal, F 31 g, Kh 14 g, E 42 g

Lässt sich vorbereiten

Steaks einige Stunden im Voraus anbraten, auskühlen, mit der Masse belegen, zugedeckt auf der Ofen- und Grillplatte bis zum Backen im Kühlschrank aufbewahren. Die Backzeit bleibt gleich.

Rindsmedaillons mit Pfeffer-Zimt-Kruste

30 Min. + 8 Min. backen laktosefrei

Für die Ofen- und Grillplatte antihaft oder ein Backblech

1 EL	**Öl**	Öl in einer Bratpfanne heiss werden lassen. Medaillons würzen, mit Küchenschnur binden, beidseitig je ca. 1 Min. anbraten. Herausnehmen, auf einem Teller auskühlen.
4	**Rindsmedaillons** (je ca. 140 g)	
¾ TL	**Salz**	
wenig	**Pfeffer**	
1	**frisches Ei**	Ofen auf 220 Grad vorheizen. Ei in einer Schüssel verklopfen. Pfefferkörner abtropfen, grob hacken. Petersilie fein schneiden, beides mit dem Paniermehl, Öl und Zimt zum Ei geben, mischen, salzen. Medaillons auf die Ofen- und Grillplatte oder aufs Blech legen. Masse auf den Medaillons verteilen, etwas andrücken.
2 EL	**eingelegte grüne Pfefferkörner**	
½ Bund	**glattblättrige Petersilie**	
50 g	**Paniermehl**	
3 EL	**Olivenöl**	
½ TL	**Zimt**	
¼ TL	**Salz**	
		Backen: ca. 8 Min. in der oberen Hälfte des Ofens. Herausnehmen, Medaillons anrichten.

Lässt sich vorbereiten: Medaillons einige Stunden im Voraus anbraten, auskühlen, mit der Masse belegen, zugedeckt auf der Ofen- und Grillplatte bis zum Backen im Kühlschrank aufbewahren. Die Backzeit bleibt gleich.

Dazu passen: Knöpfli.

Portion (¼): 368 kcal, F 20 g, Kh 9 g, E 37 g

Vegi-Tipp

Für 1 Person: ½ Aubergine (ca. 150 g) längs in ca. 1 cm dicke Scheiben schneiden. 1 EL Olivenöl in einer beschichteten Bratpfanne heiss werden lassen. Auberginenscheiben beidseitig je ca. 3 Min. braten, herausnehmen, auskühlen. ¼ der Masse darauf verteilen. Backen wie oben.

Knacknüsse

Ganz easy

Bestreiche dein Fleisch nach dem Anbraten mit Senf, Olivenöl oder geröstetem Sesamöl. Danach in gerösteten, grob gehackten Nüssen deiner Wahl wenden, im Ofen fertig braten.

Pistazien
gesalzene Erdnüsse
Macadamia-Nüsse
Rauchmandeln
Wasabi-Nüsse

Rezept →

Entrecôtes mit orientalischem Couscous

40 Min. + 12 Min. backen

Für die Ofen- und Grillplatte antihaft oder ein Backblech

1 EL **Öl** **4** **Entrecôtes** (je ca. 200 g) **1 EL** **Honigsenf** **1 EL** **Olivenöl** **wenig** **Cayennepfeffer** **½ TL** **Salz**		Öl in einer Bratpfanne heiss werden lassen. Entrecôtes beidseitig je ca. 1 Min. anbraten. Herausnehmen, auf einen Teller legen. Senf, Öl, Cayennepfeffer und Salz verrühren, Entrecôtes damit bestreichen, auskühlen.
100 g **Couscous** **1 dl** **Gemüsebouillon,** heiss **50 g** **Sultaninen** **20 g** **ungesalzene geschälte Pistazien** **2 EL** **Limettensaft** **1 TL** **Zimt**		Ofen auf 220 Grad vorheizen. Couscous in eine Schüssel geben. Heisse Bouillon dazugiessen, zugedeckt ca. 5 Min. quellen lassen. Couscous mit einer Gabel lockern. Sultaninen und Pistazien grob hacken, mit dem Limettensaft und dem Zimt daruntermischen.
		Entrecôtes auf die Ofen- und Grillplatte oder auf das Blech legen. Masse auf den Entrecôtes verteilen, etwas andrücken.
		Backen: ca. 12 Min. in der oberen Hälfte des Ofens. Herausnehmen, Entrecôtes anrichten.

Tipp: Statt Sultaninen getrocknete Cranberrys verwenden.

Lässt sich vorbereiten: Fleisch einige Stunden im Voraus anbraten, auskühlen, mit der Masse belegen, zugedeckt auf der Ofen- und Grillplatte bis zum Backen im Kühlschrank aufbewahren. Die Backzeit bleibt gleich.

Portion (¼): 628 kcal, F 37 g, Kh 30 g, E 45 g

Vegi-Tipp

Für 1 Person: 1 gekochte Rande (ca. 160 g) in ca. 1 cm dicke Scheiben schneiden. ¼ der Masse darauf verteilen. Backen wie oben.

Mit Blattsalat servieren

Hohrückensteaks mit Feigenkruste

30 Min. + 10 Min. backen

Für die Ofen- und Grillplatte antihaft oder ein Backblech

1 EL	**Olivenöl**	Öl in einer Bratpfanne heiss werden lassen. Fleisch würzen, beidseitig je ca. 1 Min. anbraten. Herausnehmen, auf einem Teller auskühlen.
4	**Rindshohrückensteaks** (je ca. 200 g)	
¾ TL	**Salz**	
wenig	**Pfeffer**	
50 g	**Butter**	Ofen auf 220 Grad vorheizen. Butter in einer kleinen Pfanne schmelzen. Dörrfeigen in Würfeli schneiden, Cashew-Nüsse grob hacken. Chili entkernen, fein hacken. Petersilie fein schneiden, Thymianblättchen abzupfen, alles mit dem Panko, dem Honig und dem Salz unter die Butter mischen.
80 g	**Dörrfeigen**	
50 g	**Cashew-Nüsse**	
1	**roter Chili**	
3	**Zweiglein glattblättrige Petersilie**	
2	**Zweiglein Thymian**	
50 g	**Panko**	
2 EL	**flüssiger Honig**	
¼ TL	**Salz**	
		Steaks auf die Ofen- und Grillplatte oder aufs Blech legen. Masse auf den Steaks verteilen, etwas andrücken.
		Backen: ca. 10 Min. in der oberen Hälfte des Ofens. Herausnehmen, Steaks anrichten.

Lässt sich vorbereiten: Steaks einige Stunden im Voraus anbraten, auskühlen, mit der Masse belegen, zugedeckt auf der Ofen- und Grillplatte bis zum Backen im Kühlschrank aufbewahren. Die Backzeit bleibt gleich.

Dazu passt: Risotto.

Portion (¼): 651 kcal, F 38 g, Kh 30 g, E 47 g

Vegi-Tipp

Für 1 Person: 150 g Kürbis (z. B. Butternut) in ca. 1 cm dicke Scheiben schneiden, mit ¼ TL Salz und wenig Pfeffer würzen. Kürbisscheiben im heissen Öl beidseitig je ca. 2 Min. braten. ¼ der Masse darauf verteilen. Backen wie oben.

crazy crunchy

Sweet & sour perfekt in Balance

Dörrfrüchte sind schön süss und gleichzeitig haben sie auch eine fein-säuerliche Note. Mische deine Lieblingsfrüchte in deine Krusten und Hauben, so veränderst du ein Rezept immer wieder neu.

Rezept →

Kalbssteaks mit Ziegenkäse und Feigen

15 Min. + 12 Min. backen **glutenfrei**

Für die Ofen- und Grillplatte antihaft oder ein Backblech

1 EL	**Öl**	Öl in einer Bratpfanne heiss werden lassen. Steaks würzen, beidseitig je ca. 2 Min. anbraten. Herausnehmen, auf einem Teller auskühlen.
4	**Kalbssteaks** (je ca. 160 g)	
¾ TL	**Salz**	
wenig	**Pfeffer**	
100 g	**Cashew-Erdnuss-Mix Honig & Salz**	Ofen auf 220 Grad vorheizen. Nüsse grob hacken, mit dem Frischkäse mischen, salzen. Steaks auf die Ofen- und Grillplatte oder aufs Blech legen. Masse auf den Steaks verteilen. Feigen in ca. 5 mm dicke Scheiben schneiden, auf die Masse legen, mit Honig beträufeln.
150 g	**Ziegen-Frischkäse** (z. B. Chavroux)	
¼ TL	**Salz**	
3	**Feigen**	
1 EL	**flüssiger Honig**	
		Backen: ca. 12 Min. in der oberen Hälfte des Ofens. Herausnehmen, Steaks anrichten.

Tipp: Statt Ziegen-Frischkäse Doppelrahm-Frischkäse oder Masgonzola verwenden.

Lässt sich vorbereiten: Steaks einige Stunden im Voraus anbraten, auskühlen, mit der Masse belegen, zugedeckt auf der Ofen- und Grillplatte bis zum Backen im Kühlschrank aufbewahren. Die Backzeit bleibt gleich.

Dazu passt: Rüebli- oder Gurkensalat.

Portion (¼): 496 kcal, F 25 g, Kh 22 g, E 47 g

Vegi-Tipp

Für 1 Person: 100 g Rotkabis in 2 je ca. 1 cm dicke Scheiben schneiden. ½ EL Olivenöl in einer Bratpfanne heiss werden lassen. Kabis beidseitig je ca. 2 Min. braten. ¼ der Masse darauf verteilen, Feigen darauflegen, mit dem Honig beträufeln. Backen wie oben.

Mediterrane Kalbsmedaillons

25 Min. + 12 Min. backen

Für die Ofen- und Grillplatte antihaft oder ein Backblech

1 EL	**Öl**	Öl in einer Bratpfanne heiss werden lassen. Medaillons würzen, mit Küchenschnur binden, beidseitig je ca. 1 Min. anbraten. Herausnehmen, auf einem Teller auskühlen.
8	**Kalbsmedaillons** (je ca. 80 g)	
¾ TL	**Salz**	
wenig	**Pfeffer**	
2 EL	**Kapern**	Ofen auf 220 Grad vorheizen. Kapern und Tomaten abtropfen, mit den Oliven grob hacken, alles mit Butter, Käse, Paniermehl und Tomatenpüree mischen. Von der Zitrone die Schale dazureiben, würzen.
80 g	**getrocknete Tomaten in Öl**	
60 g	**entsteinte grüne Oliven**	
50 g	**Butter,** weich	
4 EL	**geriebener Parmesan**	
3 EL	**Paniermehl**	
1 EL	**Tomatenpüree**	
1	**Bio-Zitrone**	
wenig	**Pfeffer**	
		Medaillons auf die Ofen- und Grillplatte oder auf das Blech legen. Masse auf dem Fleisch verteilen, etwas andrücken.
½ Bund	**Basilikum**	**Backen:** ca. 12 Min. in der Mitte des Ofens. Herausnehmen, Medaillons anrichten. Basilikumblätter abzupfen, darüberstreuen.

Dazu passt: Risotto.

Portion (¼): 446 kcal, F 24 g, Kh 15 g, E 43 g

Lässt sich vorbereiten und Tipp

Medaillons einige Stunden im Voraus anbraten, auskühlen, mit der Masse belegen, zugedeckt auf der Ofen- und Grillplatte bis zum Backen im Kühlschrank aufbewahren. Die Backzeit bleibt gleich.
500 g Cherry-Tomaten halbieren, in heissem Öl ca. 2 Min. rührbraten, mit ½ TL Salz und wenig Pfeffer würzen, dazu servieren.

Kalbskoteletts mit Pesto-Kruste

20 Min. + 1 Std. niedergaren + 5 Min. backen **laktosefrei**

Für die Ofen- und Grillplatte antihaft oder ein Backblech

4	**Kalbskoteletts** (je ca. 250 g, je ca. 3 cm dick)	Koteletts ca. 30 Min. vor dem Anbraten aus dem Kühlschrank nehmen. Ofen auf 80 Grad vorheizen. Öl in einer Bratpfanne heiss werden lassen. Koteletts würzen, beidseitig je ca. 2 Min. anbraten. Herausnehmen, auf die Ofen- und Grillplatte oder aufs Blech legen. Fleischthermometer an der dicksten Stelle so einstecken, dass es den Knochen nicht berührt.
1 EL	**Öl**	
¾ TL	**Salz**	
wenig	**Pfeffer**	
		Niedergaren: ca. 1 Std. Die Kerntemperatur soll ca. 60 Grad betragen.
100 g	**Grissini**	Grissini in einen Beutel geben, mit dem Wallholz grob zerstossen. Basilikumblätter in ein Mixglas zupfen, Knoblauch schälen, mit den Pinienkernen und dem Öl beigeben, pürieren. Käse, Ei und Grissini daruntermischen, salzen.
1 Bund	**Basilikum**	
2	**Knoblauchzehen**	
20 g	**Pinienkerne**	
1 dl	**Olivenöl**	
50 g	**geriebener Sbrinz**	
1	**frisches Ei**	
¼ TL	**Salz**	
		Koteletts aus dem Ofen nehmen, Hitze auf 240 Grad (nur Oberhitze oder Grill) erhöhen. Pesto auf den Koteletts verteilen, etwas andrücken.
		Backen: ca. 5 Min. in der oberen Hälfte des Ofens. Herausnehmen, Koteletts anrichten.

Lässt sich vorbereiten: Die Pesto-Kruste einige Stunden im Voraus zubereiten, zugedeckt kühl stellen.

Portion (¼): 647 kcal, F 49 g, Kh 15 g, E 39 g

Vegi-Tipp

Für 1 Person: 1 Tomate halbieren, bei 80 Grad ca. 1 Std. im Ofen niedergaren. ¼ der Masse darauf verteilen. Backen wie oben.

Mit Polenta und Bratenjus (S. 8) servieren.

Vegis am Tisch willkommen

Hier ein paar Gemüseideen für deine Vegi-Freunde! Ich bin mir sicher, du kommst noch auf weitere Ideen. Bleib entspannt, pack deine Kruste oder Haube auf dein Lieblingsgemüse und schiebe dieses gleichzeitig mit dem Fleisch in den Ofen!

Süsskartoffeln
Zucchini
Kürbis
Blumenkohl
gekoc
Kohlrabi

Lammkoteletts mit Kartoffelhaube

30 Min. + 12 Min. backen **glutenfrei**

Für die Ofen- und Grillplatte antihaft oder ein Backblech

	Öl zum Braten	Wenig Öl in einer Bratpfanne heiss werden lassen. Fleisch würzen, portionenweise beidseitig je ca. 1 Min. anbraten. Herausnehmen, auf einem Teller auskühlen.
12	**Lammkoteletts** (je ca. 70 g)	
1 TL	**Salz**	
wenig	**Pfeffer**	
1 Beutel	**Kartoffelflocken** (z. B. Stocki, ca. 110 g)	Ofen auf 220 Grad vorheizen. Kartoffelstock nach Angabe auf der Verpackung zubereiten, etwas abkühlen. Majoran grob schneiden, mit dem Ajvar daruntermischen.
3	**Zweiglein Majoran**	
100 g	**scharfes Ajvar** (siehe Hinweis)	
2 EL	**geriebener Parmesan**	Koteletts auf die Ofen- und Grillplatte oder auf das Blech legen. Kartoffelstock auf den Koteletts verteilen, Käse darüberstreuen.
		Backen: ca. 12 Min. in der oberen Hälfte des Ofens. Herausnehmen, Koteletts anrichten.

Hinweis: Ajvar ist ein Gemüsemus aus roten Peperoni oder aus einer Mischung von Peperoni und Auberginen. Erhältlich in grösseren Coop Supermärkten. Für eine milde Kartoffelhaube mildes Ajvar verwenden.

Lässt sich vorbereiten: Koteletts einige Stunden im Voraus anbraten, auskühlen, mit der Masse belegen, zugedeckt auf der Ofen- und Grillplatte bis zum Backen im Kühlschrank aufbewahren. Die Backzeit bleibt gleich.

Dazu passt: Salat.

Portion (¼): 460 kcal, F 29 g, Kh 18 g, E 31 g

Vegi-Tipp

Für 1 Person: 2 ca. 1 cm dicke Zucchinischeiben (ca. 150 g) in heissem Öl beidseitig je ca. 2 Min. braten, herausnehmen, auskühlen. ¼ des Kartoffelstocks darauf verteilen, ½ EL Reibkäse darüberstreuen. Backen wie oben.

Dank Ajvar
schön rassig

Pouletsteaks mit Kernenhaube

30 Min. + 35 Min. backen **laktosefrei**

Für die Ofen- und Grillplatte antihaft oder ein Backblech

800 g	**Pouletschenkel-Steaks ohne Haut**	Ofen auf 220 Grad vorheizen. Poulet in eine Schüssel geben. Knoblauch dazupressen, Paprika, Öl und Salz beigeben, mischen. Steaks auf die Ofen- und Grillplatte oder aufs Blech legen.
2	**Knoblauchzehen**	
½ TL	**Edelsüss-Paprika**	
2 EL	**Olivenöl**	
¾ TL	**Salz**	
		Backen: ca. 30 Min. in der Mitte des Ofens.
80 g	**Brot**	Brot in ca. 1 cm grosse Würfel schneiden, mit dem Kernen-Mix in einer Schüssel mischen. Petersilienblätter in einen Messbecher zupfen, mit den Eiern pürieren, unter die Kernenmasse mischen, würzen.
120 g	**Kernen-Mix**	
1 Bund	**glattblättrige Petersilie**	
2	**frische Eier**	
¼ TL	**Salz**	
wenig	**Pfeffer**	
		Blech aus dem Ofen nehmen, Kernenmasse auf den Steaks verteilen, etwas andrücken. **Fertig backen:** ca. 5 Min. Herausnehmen, Poulet-Steaks anrichten.

Dazu passen: Blattsalat, Limettenschnitze.

Portion (¼): 567 kcal, F 33 g, Kh 13 g, E 54 g

Lässt sich vorbereiten und Tipp

Poulet einige Stunden im Voraus marinieren, Kernenmasse zubereiten, beides separat zugedeckt im Kühlschrank aufbewahren.
Statt Kernen-Mix Kernen-Nuss-Mix verwenden.

Limettensaft für den extra Kick!

Lammnierstück mit Süsskartoffelhaube

30 Min. + 10 Min. backen | laktosefrei

Für die Ofen- und Grillplatte, antihaft oder ein Backblech

1 EL	**Öl**	Öl in einer Bratpfanne heiss werden lassen. Fleisch würzen, beidseitig je ca. 1 Min. anbraten. Herausnehmen, Fleisch mit Senf bestreichen, auf einem Teller auskühlen.
650 g	**Lammnierstücke** (4 Stück)	
¾ TL	**Salz**	
wenig	**Pfeffer**	
1 EL	**grobkörniger Senf**	
350 g	**Süsskartoffeln gekocht vom Vortag**	Ofen auf 220 Grad vorheizen. Süsskartoffeln schälen, an der Röstiraffel in eine Schüssel reiben. Knoblauch dazupressen, Thymian fein schneiden, mit dem Mehl, Salz und Pfeffer beigeben, mischen.
1	**Knoblauchzehe**	
4	**Zweiglein Thymian**	
1 EL	**Mehl**	
½ TL	**Salz**	
wenig	**Pfeffer**	
		Fleisch auf die Ofen- und Grillplatte oder aufs Blech legen. Masse auf dem Fleisch verteilen, etwas andrücken.
3 EL	**ungesalzene geschälte Pistazien**	**Backen:** ca. 10 Min. in der oberen Hälfte des Ofens. Herausnehmen, Fleisch ca. 5 Min. auf der Platte ruhen lassen, anrichten. Pistazien grob hacken, von der Orange die Schale abreiben, beides auf der Haube verteilen.
1	**Bio-Orange**	

Lässt sich vorbereiten: Die Süsskartoffeln in der Schale ca. 1 Tag im Voraus knapp weich kochen. Fleisch einige Stunden im Voraus anbraten, auskühlen, mit der Masse belegen, zugedeckt auf der Ofen- und Grillplatte bis zum Backen im Kühlschrank aufbewahren. Die Backzeit bleibt gleich.

Dazu passt: Blattspinat.

Portion (¼): 349 kcal, F 12 g, Kh 23 g, E 36 g

Vegi-Tipp

Für 1 Person: 100 g Feta quer halbieren, ¼ der Masse darauf verteilen. Backen wie oben.

romen!

Kernige Typen

Dass wir Menschen Knackiges lieben, soll genetisch bedingt sein. Denn was einen kernigen Biss hat, enthält oft auch gesunde Fette, wichtige Mikronährstoffe und wertvolles Protein. Daher verbinden wir den Crunch-Effekt intuitiv positiv. Schöpfe daher für deine crunchy Krusten aus dem Vollen: Entdecke diese tollen Aroma-Kombinationen!

Rezept →

Lammracks mit Wasabi-Kruste

25 Min. + 20 Min. backen **laktosefrei**

Für die Ofen- und Grillplatte antihaft oder ein Backblech

1 EL	**Olivenöl**	Öl in einer Bratpfanne heiss werden lassen. Racks salzen, rundum ca. 5 Min. anbraten. Herausnehmen, auf einem Teller auskühlen.
2	**Lammracks** (je ca. 400 g)	
¾ TL	**Salz**	
1	**frisches Ei**	Ofen auf 180 Grad vorheizen. Ei in einer Schüssel verklopfen. Wasabi-Nüsse im Cutter fein mahlen, zum Ei geben. Sesam, Honig und Sojasauce daruntermischen. Racks auf die Ofen- und Grillplatte oder aufs Blech legen. Masse auf den Racks verteilen, gut andrücken.
120 g	**Wasabi-Nüsse**	
1 EL	**schwarzer Sesam**	
1 EL	**flüssiger Honig**	
1 EL	**Sojasauce**	
150 g	**Jungspinat**	**Backen:** ca. 20 Min. in der Mitte des Ofens. Herausnehmen, Racks ca. 5 Min. auf der Platte ruhen lassen. Jungspinat auf einem Backblech verteilen, ca. 2 Min. im heissen Ofen zusammenfallen lassen. Herausnehmen, Honig und Sojasauce darüberträufeln, mischen. Fleisch tranchieren, mit dem Spinat anrichten.
½ EL	**flüssiger Honig**	
½ EL	**Sojasauce**	

Dazu passt: Kartoffelgratin.

Portion (¼): 561 kcal, F 32 g, Kh 15 g, E 52 g

Lässt sich vorbereiten

Racks einige Stunden im Voraus anbraten, auskühlen, mit der Masse belegen, zugedeckt auf der Ofen- und Grillplatte bis zum Backen im Kühlschrank aufbewahren. Die Backzeit bleibt gleich.

Wasabi-Love

Pouletbrüstli mit Tortilla-Kruste

30 Min. + 15 Min. backen — glutenfrei

Für die Ofen- und Grillplatte antihaft oder ein Backblech, mit Backpapier belegt

1 EL 4 ¾ TL wenig	**Olivenöl** **Pouletbrüstli** (je ca. 160 g) **Salz** **Pfeffer**	Öl in einer Bratpfanne heiss werden lassen. Pouletbrüstli würzen, beidseitig je ca. 1 Min. anbraten. Herausnehmen, auf einem Teller auskühlen.
1 1 2 TL ¼ TL	**Schalotte** **Avocado** **Limettensaft** **Salz**	Ofen auf 220 Grad vorheizen. Schalotte schälen, fein hacken, in eine kleine Schüssel geben. Avocado entkernen, Fruchtfleisch herauslösen, mit Limettensaft und Salz beigeben, mit einer Gabel zerdrücken. Guacamole zugedeckt beiseite stellen.
200 g 1 EL 80 g 100 g	**Crème fraîche** **Sambal Oelek** **Tortilla Chips** **geriebener Käse** (z. B. Cheddar)	Crème fraîche und Sambal Oelek verrühren. Pouletbrüstli auf die Ofen- und Grillplatte oder aufs vorbereitete Blech legen, mit wenig Crème fraîche bestreichen, Rest beiseite stellen. Tortilla Chips in einen Plastikbeutel geben, mit dem Wallholz grob zerstossen, mit dem Käse mischen, auf den Pouletbrüstli verteilen, leicht andrücken.
4	**Zweiglein Koriander**	**Backen:** ca. 15 Min. in der Mitte des Ofens. Herausnehmen, Korianderblättchen abzupfen, darüberstreuen. Beiseite gestellte Guacamole und restliche Crème fraîche dazu servieren.

Dazu passen: Maissalat, Limettenschnitze.

Portion (¼): 662 kcal, F 42 g, Kh 17 g, E 55 g

Lässt sich vorbereiten

Pouletbrüstli einige Stunden im Voraus anbraten, auskühlen, mit der Masse belegen, zugedeckt auf der Ofen- und Grillplatte bis zum Backen im Kühlschrank aufbewahren. Die Backzeit bleibt gleich. Guacamole ca. ½ Tag im Voraus zubereiten, zugedeckt kühl stellen.

Pouletbrüstli mit Tomaten-Mozzarella

35 Min. + 20 Min. backen **glutenfrei**

Für die Ofen- und Grillplatte antihaft oder ein Backblech

1 EL **4** **¾ TL** **wenig**	**Olivenöl** **Pouletbrüstli** (je ca. 160 g) **Fleur de Sel** **Pfeffer**	Öl in einer Bratpfanne heiss werden lassen. Pouletbrüstli würzen, beidseitig je ca. 1 Min. anbraten. Herausnehmen, auf einem Teller auskühlen.
1 Bund **1 dl** **2 Prisen** **wenig**	**Basilikum** **Olivenöl** **Fleur de Sel** **Pfeffer**	Ofen auf 220 Grad vorheizen. Basilikumblätter abzupfen, mit dem Öl in einem Messbecher pürieren, würzen. Basilikumöl beiseite stellen.
2 EL **300 g** **2**	**Crema di Balsamico** **Mozzarella** **Tomaten**	Pouletbrüstli mit der Crema di Balsamico bestreichen, auf die Ofen- und Grillplatte oder aufs Blech legen. Mozzarella und Tomaten in Scheiben schneiden, abwechselnd auf die Pouletbrüstli legen.
		Backen: ca. 20 Min. in der Mitte des Ofens. Herausnehmen, anrichten, beiseite gestelltes Basilikumöl darüberträufeln.

Dazu passt: Knoblauchbrot.

Portion (¼): 676 kcal, F 44 g, Kh 11 g, E 60 g

Lässt sich vorbereiten

Pouletbrüstli einige Stunden im Voraus anbraten, auskühlen, belegen, zugedeckt auf der Ofen- und Grillplatte bis zum Backen im Kühlschrank aufbewahren. Die Backzeit bleibt gleich. Basilikumöl ca. ½ Tag im Voraus zubereiten, zugedeckt beiseite stellen.

so lecker

Coole Alternativen für Vegis am Tisch

Wenn Vegis an deinem Tisch sitzen, kannst du einfach die Haube oder Kruste, die du für die Fleischgeniesser zubereitest, auf eine dieser Fleischalternativen geben und gleichzeitig im Ofen fertig zubereiten. So easy geht Flexibilität!

Paneer
Halloumi
Feta

Zander mit Orangen-Mandel-Kruste

20 Min. + 15 Min. backen

Für die Ofen- und Grillplatte antihaft oder ein Backblech, mit Backpapier belegt

50 g **1 EL** **1 Msp.** **½ TL** **wenig** **1** **100 g**	**Butter,** weich **Mehl** **Cayennepfeffer** **Salz** **Pfeffer** **Bio-Orange** **Mandelstifte**	Butter, Mehl, Cayennepfeffer, Salz und Pfeffer gut mischen. Von der Orange die Schale dazureiben, Saft auspressen, beiseite stellen. Mandeln zur Butter geben, sorgfältig mischen.
½ Bund **1 EL** **¼ TL** **wenig**	**Estragon** **Olivenöl** **Salz** **Pfeffer**	Ofen auf 200 Grad vorheizen. Estragon fein schneiden, mit dem Öl und dem beiseite gestellten Orangensaft verrühren, würzen, beiseite stellen.
600 g **½ TL**	**Zanderfilets ohne Haut** (4 Stück, je ca. 150 g) **Salz**	Fischfilets mit einer Pinzette von allfälligen Gräten befreien, salzen. Filets auf die Ofen- und Grillplatte oder aufs vorbereitete Blech legen. Masse auf den Fischfilets verteilen, leicht andrücken.
		Backen: ca. 15 Min. in der oberen Hälfte des Ofens. Herausnehmen, Fischfilets anrichten, Estragonsauce darüberträufeln.

Dazu passt: Reis.

Portion (¼): 427 kcal, F 28 g, Kh 8 g, E 35 g

Lässt sich vorbereiten

Masse und Estragonsauce einige Stunden im Voraus zubereiten, zugedeckt beiseite stellen.

Lachs mit Strudelkruste

15 Min. + 20 Min. backen | laktosefrei

Für die Ofen- und Grillplatte antihaft oder ein Backblech, mit Backpapier belegt

1 Päckli **½ Bund** **3 EL** **1** **¼ TL** **wenig**	**Strudelteig** (ca. 120 g) **Dill** **Olivenöl** **Bio-Zitrone** **Salz** **Pfeffer**	Strudelteig in ca. 5 mm dicke Streifen schneiden, auflockern, in eine Schüssel geben. Dill fein schneiden, mit dem Öl daruntermischen. Von der Zitrone wenig Schale dazureiben, mischen, würzen.
600 g **½ TL** **wenig**	**Lachsfilet ohne Haut** (Bio) **Salz** **Pfeffer**	Ofen auf 200 Grad vorheizen. Fischfilet mit einer Pinzette von allfälligen Gräten befreien, würzen, auf die Ofen- und Grillplatte oder aufs vorbereitete Blech legen. Strudelteig darauf verteilen.
½ Bund	**Dill**	**Backen:** ca. 20 Min. in der Mitte des Ofens. Herausnehmen, Dill grob schneiden, darüberstreuen.

Dazu passt: gedämpftes Gemüse.

Portion (¼): 400 kcal, F 23 g, Kh 15 g, E 33 g

Dieses Gericht kannst du zwar nicht vorbereiten, dafür ist es turbomässig schnell.

Strudel-Sinfonie

Dorsch mit Maishaube

15 Min. + 20 Min. backen   glutenfrei   laktosefrei

Für die Ofen- und Grillplatte antihaft oder ein Backblech, mit Backpapier belegt

1	**kleine Dose Maiskörner** (ca. 160 g)	Maiskörner abspülen, abtropfen. Die Hälfte davon fein hacken, mit den restlichen Maiskörnern und der Mayonnaise mischen, würzen.
2 EL	**Mayonnaise**	
¼ TL	**Salz**	
wenig	**Pfeffer**	
650 g	**Dorschfilets** (MSC)	Ofen auf 200 Grad vorheizen. Fisch in 8 Stücke schneiden (je ca. 80 g), salzen, auf die Ofen- und Grillplatte oder aufs vorbereitete Blech legen. Masse darauf verteilen, leicht andrücken. Sesam darüberstreuen.
½ TL	**Salz**	
1 EL	**schwarzer Sesam**	
½ Bund	**Koriander**	**Backen:** ca. 20 Min. in der oberen Hälfte des Ofens. Herausnehmen, Fisch anrichten, Korianderblättchen abzupfen, darüberstreuen.

Dazu passt: gedämpfter Pak-Choi.

Portion (¼): 242 kcal, F 9 g, Kh 8 g, E 32 g

Lässt sich vorbereiten

Fisch einige Stunden im Voraus mit der Masse belegen, zugedeckt auf der Ofen- und Grillplatte bis zum Backen im Kühlschrank aufbewahren. Die Backzeit bleibt gleich.

Chic ummantelt

Very casual

Hülle dein Lieblingsfleisch in Speck, Rohschinken, Bresaola, geräucherten Schinken oder in was du gerne magst. Schon hast du das gewisse Extra in deinem Gericht. Damit das Mäntelchen besser haftet, kannst du dein Fleisch vor dem Ummanteln mit Senf bestreichen und danach evtl. mit Küchenschnur binden.

Rezept →

Fleischröllchen mit Speck

30 Min. + 10 Min. backen

Für die Ofen- und Grillplatte antihaft oder ein Backblech

100 g	**Feta**	Feta zerbröckeln, mit den Cranberrys und dem Senf mischen.
50 g	**getrocknete Cranberrys**	
1 EL	**scharfer Senf**	
6	**Rindsplätzli** (Huft, je ca. 100 g)	Plätzli etwas flach klopfen, salzen. Spinat darauflegen, Fetamasse in der Mitte der Plätzli verteilen. Plätzli aufrollen, mit je 2 Specktranchen umwickeln. Öl in einer Bratpfanne heiss werden lassen. Fleischröllchen rundum ca. 3 Min. anbraten. Herausnehmen, auf einem Teller auskühlen.
¾ TL	**Salz**	
60 g	**Jungspinat**	
12	**Tranchen Bratspeck** (ca. 120 g)	
1 EL	**Olivenöl**	
		Ofen auf 220 Grad vorheizen. Fleischröllchen auf die Ofen- und Grillplatte oder aufs Blech legen.
		Backen: ca. 10 Min. in der Mitte des Ofens. Herausnehmen, anrichten.

Tipp: Statt getrocknete Cranberrys Dörrpflaumen oder Dörraprikosen, in Würfeli, verwenden.

Lässt sich vorbereiten: Fleischröllchen einige Stunden im Voraus anbraten, auskühlen, zugedeckt auf der Ofen- und Grillplatte bis zum Backen im Kühlschrank aufbewahren. Die Backzeit bleibt gleich.

Dazu passt: Blattsalat, Bratenjus (S. 8).

Portion (¼): 481 kcal, F 23 g, Kh 10 g, E 59 g

Vegi-Tipp

Für 1 Person: Von 5 grossen Champignons die Stiele entfernen. Champignons mit 2 Prisen Salz und wenig Pfeffer würzen, mit ¼ der Masse füllen. ½ EL Olivenöl darüberträufen. Backen wie oben.

Haute Couture

Mit wenig Aufwand verwandelst du deinen Teigmantel in Haute Couture mit Wow-Effekt! Aus Teigresten kannst du Formen ausstechen oder Streifen schneiden und damit den Teigmantel verzieren. Die Oberfläche kannst du mit Ei oder Rahm bestreichen und nach Wunsch bestreuen. Oder du ritzt die bestrichene Oberfläche mit einem Messer ein.

Laugenmantel

Bestreiche die Teigoberfläche vor dem Backen mit einer Lauge aus ½ dl heissem Wasser und ½ EL Natron. Wenn du magst, kannst du dann grob geschnittenen Rosmarin, Sesam oder Mohnsamen darüberstreuen.

Rezept →

Schweinsfilet im Teig

40 Min. + 30 Min. kühl stellen + 30 Min. backen

Für die Ofen- und Grillplatte antihaft oder ein Backblech, mit Backpapier belegt

1 EL **1** **¾ TL** **wenig**	**Bratbutter** **Schweinsfilet** (ca. 500 g) **Salz** **Pfeffer**	Bratbutter in einer Bratpfanne heiss werden lassen. Filet würzen, rundum ca. 4 Min. anbraten. Herausnehmen, auf einem Teller auskühlen.
100 g **3** **1** **200 g** **2 cm**	**Dörraprikosen** **Zweiglein Thymian** **Zweiglein Rosmarin** **Doppelrahm-** **Frischkäse** (z. B. Philadelphia) **Meerrettich**	Aprikosen in Würfeli schneiden, Thymian und Rosmarin fein schneiden, alles mit dem Frischkäse mischen. Meerrettich schälen, fein dazureiben.
1 **100 g**	**ausgewallter Blätter-** **teig** (ca. 25 × 42 cm) **Bresaola in Tranchen**	Teig entrollen, an der Schmalseite einen Streifen von ca. 4 cm abschneiden, für die Garnitur kühl stellen. Bresaola leicht versetzt auf den Teig legen, dabei ringsum einen ca. 2 cm breiten Rand frei lassen. Die Hälfte der Füllung in der Länge des Filets in der Mitte verteilen. Filet darauflegen, restliche Füllung rund ums Filet verteilen.
1	**Ei**	Ei verklopfen, Teigränder damit bestreichen, Filet einpacken, gut andrücken. Filet mit der Verschlussseite nach unten auf die Ofen- und Grillplatte oder aufs vorbereitete Blech legen. Aus dem kühl gestellten Teig Streifen schneiden, mit wenig Ei bestreichen, Teig damit garnieren. Filet und restliches Ei zugedeckt ca. 30 Min. kühl stellen.
2 TL	**Sesam**	Ofen auf 220 Grad vorheizen. Teig mit dem restlichen Ei bestreichen, Sesam darüberstreuen.
		Backen: ca. 30 Min. in der unteren Hälfte des Ofens. Herausnehmen, Filet im Teig ca. 5 Min. auf der Platte ruhen lassen, tranchieren und anrichten.

Lässt sich vorbereiten: Filet einige Stunden im Voraus im Teig einpacken, zugedeckt auf der Ofen- und Grillplatte bis zum Backen im Kühlschrank aufbewahren. Die Backzeit bleibt gleich.

Dazu passt: Blattsalat, Rahmsauce (S. 8).

Portion (¼): 738 kcal, F 42 g, Kh 40 g, E 46 g

Masterpiece

Rindsfilet mit Rohschinken im Teig

1 Std. + 30 Min. kühl stellen + 35 Min. backen

Für die Ofen- und Grillplatte antihaft oder ein Backblech, mit Backpapier belegt

1 EL Bratbutter **800 g Rindsfilet** (Mittelstück) **1 TL Salz** **wenig Pfeffer**	Bratbutter in einer Bratpfanne heiss werden lassen. Filet würzen, bei mittlerer Hitze rundum ca. 3 Min. anbraten. Herausnehmen, auf einem Teller auskühlen.
250 g Champignons **1 EL Bratbutter** **1 EL Zitronensaft** **½ Bund Petersilie** **6 Zweiglein Thymian** **200 g Kalbsbrät** **¼ TL Curry** **¼ TL Edelsüss-Paprika** **¼ TL Salz**	Pilze grob hacken. Bratbutter in derselben Pfanne warm werden lassen. Pilze andämpfen, Zitronensaft beigeben, weiterdämpfen, bis die entstandene Flüssigkeit vollständig eingekocht ist. Petersilie fein schneiden, Thymianblättchen abzupfen, beides beigeben, in einer Schüssel etwas abkühlen. Brät, Curry, Paprika und Salz daruntermischen.
1 ausgewallter Blätterteig (ca. 25 × 42 cm) **80 g Rohschinken in Tranchen**	Teig entrollen, an der Schmalseite einen Streifen von ca. 4 cm abschneiden, für die Garnitur kühl stellen. Die Hälfte der Masse in der Länge des Filets auf der Teigmitte verteilen. Filet darauflegen, restliche Füllung rund ums Filet verteilen. Rohschinken auf das Filet legen.
1 Ei	Ei verklopfen, Teigränder damit bestreichen, Filet einpacken, gut andrücken. Filet mit der Verschlussseite nach unten auf die Ofen- und Grillplatte oder aufs vorbereitete Blech legen. Aus dem kühl gestellten Teig beliebige Formen ausstechen, mit wenig Ei bestreichen, Teig damit garnieren. Filet und restliches Ei zugedeckt ca. 30 Min. kühl stellen.
	Ofen auf 220 Grad vorheizen. Teig mit dem restlichen Ei bestreichen. Fleischthermometer an der dicksten Stelle des Filets einstecken.
	Backen: ca. 35 Min. in der unteren Hälfte des Ofens, bis die Kerntemperatur von ca. 50 Grad erreicht ist. Herausnehmen, Filet im Teig von der Platte auf ein Brett schieben, ca. 5 Min. ruhen lassen, tranchieren und anrichten.

Lässt sich vorbereiten: Filet einige Stunden im Voraus im Teig einpacken, zugedeckt auf der Ofen- und Grillplatte bis zum Backen im Kühlschrank aufbewahren. Die Backzeit bleibt gleich.

Portion (¼): 784 kcal, F 44 g, Kh 32 g, E 63 g

Gedämpfte Rüebli
und Bratenjus (S. 8)
dazu servieren.

Pouletbrüstli im Teigmantel

40 Min. + 30 Min. kühl stellen + 25 Min. backen

Für die Ofen- und Grillplatte antihaft oder ein Backblech, mit Backpapier belegt

1 EL 4 ¾ TL 1½ EL	**Olivenöl** **Pouletbrüstli** (je ca. 150 g) **Salz** **Honigsenf**	Öl in einer beschichteten Bratpfanne heiss werden lassen. Pouletbrüstli salzen, beidseitig je ca. 1½ Min. anbraten. Herausnehmen, mit dem Senf bestreichen, auf einem Teller auskühlen.
1 40 g 1 100 g	**Birne** **Baumnusskerne** **ausgewallter Blätterteig** (ca. 25 × 42 cm) **Doppelrahm-Frischkäse mit Kräutern**	Birne schälen, in feine Schnitze schneiden. Nüsse grob hacken. Teig entrollen, an der Schmalseite einen Streifen von ca. 5 cm abschneiden, für die Garnitur kühl stellen. Rest in 4 Rechtecke schneiden (je ca. 12 × 18 cm). Frischkäse und die Hälfte der Baumnusskerne auf die Teigmitten verteilen. Birnenschnitze darauflegen. Pouletbrüstli mit der runden Seite nach unten darauflegen.
1	**Ei**	Ei verklopfen, Teigränder bestreichen, über das Pouletbrüstli legen. Pouletbrüstli mit der Verschlussseite nach unten auf die Ofen- und Grillplatte oder aufs vorbereitete Blech legen. Aus dem restlichen Teig Dreiecke schneiden, mit Ei bestreichen, Teig damit garnieren. Pouletbrüstli und restliches Ei zugedeckt ca. 30 Min. kühl stellen.
		Ofen auf 220 Grad vorheizen. Teig mit dem restlichen Ei bestreichen, restliche Baumnusskerne darüberstreuen.
		Backen: ca. 25 Min. in der Mitte des Ofens. Herausnehmen, Pouletbrüstli anrichten.

Lässt sich vorbereiten: Poulet einige Stunden im Voraus im Teig einpacken, zugedeckt auf der Ofen- und Grillplatte bis zum Backen im Kühlschrank aufbewahren. Backen wie oben.

Portion (¼): 743 kcal, F 44 g, Kh 34 g, E 53 g

Vegi-Tipp

Für 1 Person: 1 Tomme (ca. 100 g) mit wenig Honigsenf bestreichen. ¼ des Frischkäses, 10 g Baumnusskerne und ¼ der Birnenschnitze in ein Teigstück einpacken. **Backen:** ca. 20 Min. in der Mitte des auf 220 Grad vorgeheizten Ofens.

mit Gurkensalat
servieren

Aroma-Power aus dem Kräutergarten

Variiere die Kräuter in den Krusten und Hauben nach Lust und Laune, so schmeckt das gleiche Rezept immer wieder überraschend neu.

Rezept →

Roastbeef im Kräutermantel

30 Min. + 2 Std. niedergaren glutenfrei

Für die Ofen- und Grillplatte antihaft oder einen grossen Teller

1 kg	**Entrecôte am Stück**	Fleisch ca. 1 Std. vor dem Anbraten aus dem Kühlschrank nehmen. Ofen auf 80 Grad vorheizen. Die Ofen- und Grillplatte oder den Teller in die Mitte des Ofens schieben.
1 EL **½ TL** **2 EL**	**Bratbutter** **Salz** **Preiselbeeren aus dem Glas**	Bratbutter in einer Bratpfanne heiss werden lassen. Fleisch salzen, rundum ca. 5 Min. anbraten, erst wenden, wenn sich eine Kruste gebildet hat. Herausnehmen, Fleisch mit den Preiselbeeren bestreichen.
2 Bund **½ Bund** **½ Bund** **2** **2** **½ TL** **wenig** **2**	**glattblättrige Petersilie** **Kerbel** **Pfefferminze** **Knoblauchzehen** **Bio-Zitronen** **Salz** **Pfeffer** **Zweiglein Rosmarin**	Petersilie, Kerbel und Pfefferminze fein schneiden, die Hälfte davon zugedeckt beiseite stellen. Restliche Kräuter in einen flachen Teller geben. Knoblauch dazupressen, von den Zitronen die Schale dazureiben, würzen. Fleisch in der Kräutermischung wenden. Rosmarin auf das Fleisch legen, mit Küchenschnur binden. Fleischthermometer an der dicksten Stelle einstecken, Fleisch auf die vorgewärmte Platte legen.
		Niedergaren: ca. 2 Std. im Ofen. Die Kerntemperatur soll ca. 55 Grad betragen. Herausnehmen, Küchenschnur mit dem Rosmarin entfernen. Roastbeef tranchieren, anrichten, beiseite gestellte Kräuter darüberstreuen.

Dazu passen: Risotto, Preiselbeeren aus dem Glas, Bratenjus (S. 8).

Portion (¼): 570 kcal, F 37 g, Kh 7 g, E 52 g

Dank des Niedergarens lässt sich das Roastbeef easy vorbereiten.

Tipp

Das Fleisch kann bei 60 Grad bis zu 1 Std. im Ofen warm gehalten werden.

herrlich aromatisch

Poulet-Cordon-bleu-Rollen

35 Min. + 35 Min. backen   laktosefrei

Für die Ofen- und Grillplatte antihaft oder ein Backblech, mit Backpapier belegt

6	**Pouletbrust-Charbonnade** (je ca. 100 g)	Plätzli zwischen einem aufgeschnittenen Plastikbeutel mit einem Pfannenboden etwas flach klopfen, würzen.
½ TL	**Salz**	
wenig	**Pfeffer**	
100 g	**Gruyère**	Käse in 6 je ca. 4 cm grosse Stücke schneiden, mit dem Spinat auf den Schinken legen, zu Päckli formen. Schinkenpäckli auf die Plätzli legen, aufrollen, mit Zahnstochern fixieren. Mehl auf einen flachen Teller geben. Eier in einem tiefen Teller verklopfen. Panko in einen tiefen Teller geben. Poulet im Mehl rollen, überschüssiges Mehl abschütteln, im Ei, dann im Panko rollen, Panade gut andrücken.
20 g	**Jungspinat**	
6	**Tranchen Hinterschinken** (ca. 140 g)	
3 EL	**Mehl**	
2	**Eier**	
80 g	**Panko** oder Paniermehl	
2 EL	**Olivenöl**	Ofen auf 200 Grad vorheizen. Cordons bleus auf die Ofen- und Grillplatte oder aufs vorbereitete Blech legen, mit Öl beträufeln.
		Backen: ca. 35 Min. in der oberen Hälfte des Ofens. Herausnehmen, Poulet-Cordons-bleus anrichten.

Dazu passen: Bratkartoffeln, Zitronenschnitze, Spinatsalat.

Portion (¼): 459 kcal, F 19 g, Kh 19 g, E 53 g

Lässt sich vorbereiten

Pouletplätzli einige Stunden im Voraus füllen, rollen und panieren, zugedeckt auf der Ofen- und Grillplatte bis zum Backen im Kühlschrank aufbewahren. Die Backzeit bleibt gleich.

Betty
Family

Panierte Pouletschenkel

20 Min. + 35 Min. backen

Für die Ofen- und Grillplatte antihaft oder ein Backblech, mit Backpapier belegt

80 g	**Paprika-Chips**	Chips grob zerstossen, in einen tiefen Teller geben. Mehl auf einen flachen Teller geben. Ei in einem tiefen Teller verklopfen. Poulet würzen, im Mehl wenden, überschüssiges Mehl abschütteln, im Ei, dann in den Chips wenden, Panade gut andrücken.
2 EL	**Mehl**	
1	**Ei**	
4	**Pouletschenkel** (je ca. 200 g), Haut vom Metzger entfernt	
1 TL	**Edelsüss-Paprika**	
¼ TL	**Cayennepfeffer**	
¾ TL	**Salz**	
1 EL	**Olivenöl**	Ofen auf 220 Grad vorheizen. Pouletschenkel auf die Ofen- und Grillplatte oder aufs vorbereitete Blech legen, mit Öl beträufeln.
½ Bund	**Estragon**	**Backen:** ca. 35 Min. in der Mitte des Ofens. Herausnehmen, Pouletschenkel ca. 5 Min. auf der Platte ruhen lassen. Estragon und Schnittlauch fein schneiden, mit dem Quark und dem Limettensaft verrühren, würzen, zu den panierten Pouletschenkeln servieren.
½ Bund	**Schnittlauch**	
250 g	**Rahmquark**	
1 TL	**Limettensaft**	
wenig	**Cayennepfeffer**	
¼ TL	**Salz**	

Dazu passen: Paprika-Chips, gebratene Zucchini, Limettenschnitze.

Portion (¼): 463 kcal, F 23 g, Kh 21 g, E 40 g

Lässt sich vorbereiten und Tipp

Poulet einige Stunden im Voraus panieren, zugedeckt auf der Ofen- und Grillplatte bis zum Backen im Kühlschrank aufbewahren. Die Backzeit bleibt gleich. Statt Paprika-Chips Cornflakes verwenden.

Chip Chip
HURRA!

Goldbutt exotique

Diese Variante hat uns so gut geschmeckt, dass wir sie dir nicht vorenthalten wollen. Ein exotischer Küchengruss, von unseren Koch-Profis wärmstens empfohlen!

Füllung

1 Bund Koriander, fein geschnitten
2 cm Ingwer, fein gerieben
3 EL Kokosflocken
1 EL Limettensaft
3 EL geröstetes Sesamöl
¼ TL Salz
wenig Pfeffer

Alles in einer Schüssel mischen, auf 4 Goldbuttfilets verteilen (siehe S. 88).

Panade

1 EL Mehl
1 Ei
20 g Panko
20 g Kokosflocken
¼ TL Curry

Mehl in einen flachen Teller geben. Ei in einem tiefen Teller verklopfen. Panko, Kokosflocken und Curry in einem flachen Teller mischen. Fisch im Mehl wenden, überschüssiges Mehl abschütteln, im Ei, dann in der Panade wenden, gut andrücken (backen siehe S. 88).

Rezept →

Goldbutt mit Mandelpanade

30 Min. + 15 Min. backen

Für die Ofen- und Grillplatte antihaft oder ein Backblech, mit Backpapier belegt

½ Bund	**glattblättrige Petersilie**	Petersilie und Basilikum fein schneiden, in eine Schüssel geben. Von der Zitrone die Hälfte der Schale dazureiben, restliche Schale abreiben, beiseite stellen. 1 EL Saft auspressen, unter die Kräuter mischen. Knoblauch dazupressen, Paniermehl, Öl, Salz und Pfeffer unter die Masse mischen.
½ Bund	**Basilikum**	
1	**Bio-Zitrone**	
1	**Knoblauchzehe**	
3 EL	**Paniermehl**	
2 EL	**Olivenöl**	
¼ TL	**Salz**	
wenig	**Pfeffer**	
8	**Goldbuttfilets** (MSC, je ca. 60 g)	Fischfilets würzen, Kräutermasse auf 4 Filets verteilen, restliche Filets darauflegen, Ränder gut andrücken. Mehl in einen flachen Teller geben. Ei in einem tiefen Teller verklopfen. Paniermehl und Mandeln in einem flachen Teller mischen. Fisch im Mehl wenden, überschüssiges Mehl abschütteln, im Ei, dann in der Paniermehl-Mandel-Mischung wenden, Panade gut andrücken.
½ TL	**Salz**	
wenig	**Pfeffer**	
2 EL	**Mehl**	
1	**Ei**	
50 g	**Paniermehl**	
20 g	**Mandelblättchen**	
2 EL	**Olivenöl**	Ofen auf 200 Grad vorheizen. Fisch auf die Ofen- und Grillplatte oder aufs vorbereitete Blech legen, mit Öl beträufeln.
180 g	**Joghurt nature**	**Backen:** ca. 15 Min. in der oberen Hälfte des Ofens. Joghurt, Zitronensaft und beiseite gestellte Zitronenschale verrühren, salzen. Fisch herausnehmen, mit dem Dip anrichten.
1 TL	**Zitronensaft**	
¼ TL	**Salz**	

Dazu passen: Salzkartoffeln, Zitronenschnitze.

Portion (¼): 377 kcal, F 19 g, Kh 20 g, E 29 g

Lässt sich vorbereiten

Fisch einige Stunden im Voraus füllen und panieren, zugedeckt auf der Ofen- und Grillplatte bis zum Backen im Kühlschrank aufbewahren. Die Backzeit bleibt gleich.

mi
Kräuterfüllung

...arade 1

Wer sagt denn, dass eine Panade immer aus Paniermehl bestehen soll? Auch Snacks eignen sich prima und bringen viel Abwechslung in deine Küche. Hier ein paar Inspirationen.

Homemade Paniermehl

Am Besten lassen sich die Zutaten im Cutter fein mahlen oder in einem Plastikbeutel mit dem Wallholz oder Pfannenboden zerkleinern.

ic ummantelt

Fortsetzung →

Brot und Co.

Am Besten lassen sich gut getrocknete Brot- oder Zopfresten sowie Cornflakes und Sojaflocken zu Paniermehl verarbeiten. Und weitere Inspirationen siehe rechte Seite.

Panaden-Parade 2

Auch ein Blick in deinen Vorratsschrank kann dich inspirieren: von Frühstücksflocken und Cerealien bis hin zu diversen Brotsorten ... Vieles eignet sich zum Panieren. Entdecke deine neuen Panaden-Lieblinge!

Rezeptverzeichnis

Alphabetisch

Stichwortverzeichnis

Hinweise

Alle Rezepte in diesem Buch sind, wo nicht anders vermerkt, für 4 Personen berechnet.

Massangaben
Alle in den Rezepten angegebenen Löffelmasse entsprechen dem Betty Bossi Messlöffel.

Ofentemperaturen
Gelten für das Backen mit Ober- und Unterhitze. Beim Backen mit Heissluft verringert sich die Backtemperatur um ca. 20 Grad. Beachte die Hinweise des Backofenherstellers.

Nährwertberechnung
Ist bei einer Zutat eine Alternative erwähnt, wird immer die erstgenannte Zutat berechnet. Nur wenn Alkohol in einem Rezept vollständig eingekocht wird, enthält er keine Kalorien mehr. Wird er zur Hälfte eingekocht, enthält er die Hälfte an Kalorien, ansonsten wird er voll berechnet.

Quellennachweis
Das im Buch abgebildete Geschirr und Besteck sowie die Dekorationen stammen aus Privatbesitz.

Digitale Kochbücher

Besitzen Sie ein oder mehrere Betty Bossi Kochbücher?

Dann loggen Sie sich ein oder registrieren Sie sich jetzt als Abonnent/in – es lohnt sich: Alle* **Ihre Bücher sind dann online unter «Meine Rezepte» abrufbar.**

So haben Sie ab sofort auch **von unterwegs** jederzeit Zugriff auf alle Ihre Rezepte.

Kochbücher → *Einloggen* → *Digital*

1. Besitzen Sie Betty Bossi Kochbücher?

2. Registrieren oder einloggen unter bettybossi.ch

3. Ihre Rezepte digital verfügbar

* Gilt für alle Betty Bossi Kochbücher, die digital zur Verfügung stehen und vom Abonnenten direkt bei Betty Bossi gekauft wurden.

Apéro & Fingerfood

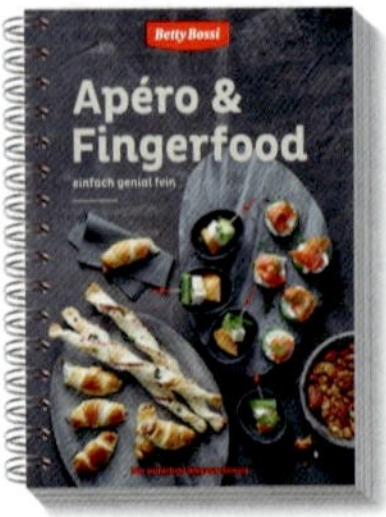

Servieren Sie Ihren Lieben zum Apéro herrliche Knabbereien, Spiessli mit Dips, Feines im Glas oder Schälchen, vielfältiges Apéro-Gebäck und überraschende Häppchen.

→ Art. 27122.998

Backen in der Weihnachtszeit

Neue Ideen für eine stimmungsvolle Adventszeit: 35 Sorten schnelle, einfache und traditionelle Guetzli, weihnachtliche Gugelhöpfe, Glühwein-Mini-Savarins, Stollen, Lebkuchen, Biberli, Birnenweggen, Grittibenzen und Dreikönigskuchen.

→ Art. 27028.998

Betty backt mit dir

Unsere 100 schönsten Backrezepten. Backen ist Achtsamkeit, Magie und Herzlichkeit. Die Geheimzutat: Liebe! Verwöhnen Sie Ihre Liebsten mit einem Glücksmoment.

→ Art. 27182.998

Betty Bossi Backbuch

Schweizer Klassiker, die jeder liebt sowie bewährte Erfolgsrezepte zu Torten und Kuchen aller Art. Dazu weitere gluschtige Rezepte und Tipps rund um den Backofen. Das beliebte Backbuch sollte in keinem Haushalt fehlen.

→ Art. 20003.998

Blitzgratin & schnelle Lasagne

Schnippeln, einfüllen, backen – geniessen. 30 neue Lieblingsrezepte für Blitzgratins, Hauptgerichte und Beilagen. Dazu superschnelle Lasagne-Rezepte für den Alltag.

→ Art. 27160.998

Brot & Brötchen

Der einfachste Weg zum perfekten Brot! Ausführliche Brotbackschule und 100 Rezepte für knuspriges Brot, duftende Brötchen, Sonntagszopf, Vollkorn- und Sauerteigbrote.

→ Art. 27118.998

Brownies & Brookies

Neue Brownies, Darkies, Whities, auch in Pink, mit Caramel und besonders feuchte Fudgy Brownies. Und erst die Brookies: Brownies mit einer knusprigen Cookie-Schicht!

→ Art. 27166.998

Cheesecakes

Die schönsten Cheesecake-Varianten: gebacken, ungebacken und im Glas – für jede Jahreszeit und jede Gelegenheit. Ein Stück Cheesecake macht einfach alle glücklich!

→ Art. 27158.998

Crème brûlée

30 Varianten Crème brûlée und Crema catalana: fruchtig, Vanille, Schokolade, Caramel ... Wow-Effekt garantiert: Caramelisieren Sie den Zucker vor Ihren Lieben am Tisch.

→ Art. 27170.998

Das grosse Betty Bossi Kochbuch

Das Basiskochbuch darf in keiner Küche fehlen. Es ist Nachschlagewerk und Inspirationsquelle für alle, vom Einsteiger bis zum Kochprofi, mit allen Grundrezepten samt Varianten, über 600 Bildern und noch mehr Tipps.

→ Art. 27018.998

Das grosse Dessertbuch

Fruchtige Cremen, luftige Mousses, schnelles Gebäck, Panna cotta: Klassiker und viele neue Inspirationen. Ein Dessert-Eldorado für alle grossen und kleinen Naschkatzen.

→ Art. 27128.998

Die beliebtesten 50 Rezepte

Die Top-50-Rezepte von Betty Bossi: Diese Lieblingsrezepte werden am meisten gesucht und gekocht: von A wie Älplermagronen bis Z wie Zopf. Glänzende Augen garantiert!

→ Art. 27136.998

Echt italienisch

Wir laden Sie ein zu einer kulinarischen Italienreise durch alle Regionen unseres südlichen Nachbarlandes. Es gibt neben heiss geliebten Traditionsrezepten auch viel Neues zu entdecken! Mediterrane Küche zum Schwelgen.

→ Art. 27068.998

Entspannt verwöhnen

Herrliche Verwöhnrezepte für Apéro, Vorspeisen, Hauptgerichte, Beilagen und Desserts: Alles lässt sich vorbereiten, Sie geniessen entspannt die Zeit mit Ihren Lieben.

→ Art. 27130.998

Fruchtig-süsse Wähen

Überraschende Kreationen: fruchtig süsse Wähen mit cremigem Guss, knusprigem Teig und vielen frischen Früchten für alle Jahreszeiten. Genuss pur.

→ Art. 27102.998

Fruchtige Tiramisu

Viele neue Tiramisu-Rezepte für jede Saison: mit farbenfrohen Früchten und feinsten Aromen, schnellen, einfachen Ideen und edlen Varianten mit Wow-Effekt.

→ Art. 27120.998

Gesund & schlank Band 1

Mit Genuss essen, satt werden und dabei erst noch gesund abnehmen. Mit feinen und ausgewogenen Rezepten zum persönlichen Wohlfühlgewicht. Zusätzliche Unterstützung bietet der hilfreiche Ratgeberteil.

→ Art. 27064.998

Gesund & schlank Band 2

Band 2 mit 320 Seiten bietet über 150 neue Rezepte zum Abnehmen mit Genuss: Frühstück, Lunch, Nachtessen und Desserts – für alle Jahreszeiten. Zusätzliche Unterstützung bietet der hilfreiche Ratgeberteil.

→ Art. 27076.998

Gesund & schlank Band 3

Gesunde Rezepte zum Abnehmen, in nur 30 Minuten servierbereit. Dank individueller Menükombination (Low-Carb, ausbalanciert oder vegetarisch) genussvoll abnehmen.

→ Art. 27092.998

Gesund & schlank Band 4

Mit unserem Menüplan spielend 3 kg in nur 3 Wochen verlieren, sich dabei satt und vital fühlen. Dazu viele neue Rezepte mit Superfoods für weiteren Gewichtsverlust.

→ Art. 27098.998

Gesund & schlank Band 5

Abnehmen mit einheimischen super Foods. 3 Menüpläne für je 2 Wochen: Low Carb, balanced, vegi, mit 6 Kurzprogrammen und Ratgeberteil für mehr Energie und Lebensfreude.

→ Art. 27108.998

Gesund & schlank Band 6

Abnehmen mit Low Carb, genussvoll, alltagstauglich und abwechslungsreich: 3-Wochen-Programm, Quick Lunches, 50 Lieblingsrezepte und praktischer Ratgeberteil.

→ Art. 27116.998

Gesund & schlank Band 7

Abnehmen im Alltag – schnell und einfach! Clevere Ideen, wie Mahlzeiten in wenigen Minuten vorbereitet sind. Dazu viele Tipps, wie Abnehmen auch mit Familie gelingt.

→ Art. 27132.998

Gesund & schlank Band 8

Gerichte mit maximal 220, 330, 440 oder 550 Kalorien, frei kombinierbar, flexibel und abgestimmt auf Ihre Bedürfnisse, ob mit zwei oder drei Mahlzeiten pro Tag.

→ Art. 27146.998

Gesund & schlank Band 9

100 neue Low-Carb-Rezepte mit Ratgeber: In nur 3 Wochen genussvoll 3 Kilo abnehmen. Mit praktischem Menüplan. Oder Sie kombinieren die Gerichte nach Lust und Laune.

→ Art. 27172.998

Gesund kochen

Gut erhältliche Zutaten und schnelle Rezepte für viel ausgewogenen Genuss, auch im hektischen Alltag. Dazu praxisorientierte Tipps für einen gesunden Familienalltag.

→ Art. 27080.998

Grill-Beilagen

Die beliebtesten Beilagen zu Grilladen: Klassische und moderne Sattmacher- und Gemüsesalate, Beilagen vom Grill und aus dem Ofen, dazu feine Dips und Saucen.

→ Art. 27152.998

Gugelhopf

Nostalgie und im Trend zugleich: Ein Gugelhopf ist Emotion und so vielseitig, süss und pikant! Sie wählen, ob grosser, mittlerer Gugelhopf oder kleine Gugelhöpfli.

→ Art. 27156.998

Gut & günstig

Die besten Rezepte fürs kleine Budget: Pasta, Schnelles aus der Pfanne und ganz entspannt aus dem Ofen. Tausendfach von Familien im Alltag erprobt und heiss geliebt.

→ Art. 27178.998

Heute kocht mein Ofen

Das Kochen im Ofen ist praktisch, schnell vorbereitet und ganz entspannt. Ob für Familie, Freunde oder Gäste. Ideen für jede Gelegenheit rund ums Jahr.

→ Art. 27112.998

Knusprig gebacken

Teige oder Brote belegen, ab in den Ofen – geniessen! 100 Ideen für pikantes Wow-Gebäck: mit einem Salat ergänzt eine schnelle und rundum heiss geliebte Mahlzeit.

→ Art. 27142.998

Knusprige Brötchen

Knusprige Brötchen einfach gemacht, für jede Gelegenheit: Brioche, Weggli, Zopfbrötli, schnelle Laugen- und Fyrabig-Brötchen, Früchte-, Pizza- und Urdinkel-Brötli.

→ Art. 27176.998

Kuchenduft

Viele neue Rezepte für alle Jahreszeiten, jede Gelegenheit und jedes Talent: wunderbare Kuchen, Cakes und Torten. Dazu inspirierende Dekorationsideen und viele Tipps und Tricks, damit Ihre Kunstwerke sicher gelingen.

→ Art. 27074.998

Lava Cakes

Lava Cakes verführen mit ihrem cremig-flüssigen Kern in vielen Varianten. Die Küchlein surprise halten eine süsse Überraschung im Innern bereit. Zum Dahinschmelzen!

→ Art. 27138.998

Lieblingsfleisch

100 neue Alltagsrezepte für die Lieblingsfleischstücke der Schweiz: Pouletbrüstli, Plätzli, Steaks, Hackfleisch und Burger, Geschnetzeltes, Pouletteile und Koteletts.

→ Art. 27148.998

Lustvoll vegetarisch

Heute kochen namhafte Köche fleischlose Gerichte auf höchstem Niveau – mit grossem Erfolg. Auch privat geniessen immer mehr Leute vegetarisch. Höchste Zeit also für ein umfangreiches Buch voller köstlicher Vegi-Ideen.

→ Art. 27072.998

Mit Kruste und Haube

Neue Verwöhnrezepte für zartes Fleisch und saftigen Fisch: gekrönt mit raffinierten Krusten und Hauben oder aromatisch ummantelt. Alle Rezepte zum Vorbereiten.

→ Art. 27184.998

Pasta

Pasta, von einfach bis luxuriös: One Pot Pasta, 60 schnelle Pastasaucen, tolle Pastagerichte, heiss Geliebtes aus dem Ofen und Pasta deluxe für Verwöhnmomente.

→ Art. 27096.998

Restenlos geniessen

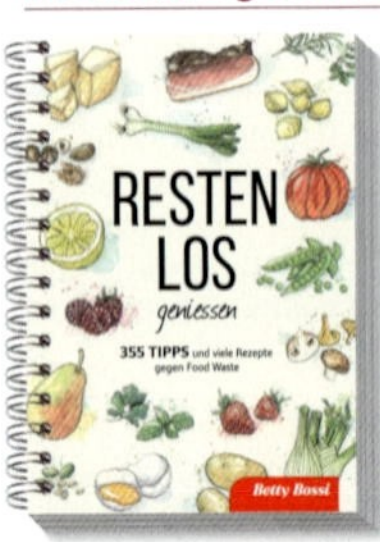

355 clevere Tipps und viele feine Rezepte gegen Food Waste zu Hause. Kosten Sie ab sofort Ihre Lebensmittel restlos und genüsslich aus – bis zum letzten Krümel.

→ Art. 27110.998

Rolls & Schnecken

30 super feine Variationen für süsse Rolls mit bunten Früchten, Schokolade oder Caramel und pikante Hefeschnecken für einen Apéro oder mit einem Salat zum Znacht.

→ Art. 27164.998

Rouladen

Entdecken Sie viele neue Rezepte für fruchtige Rouladen rund ums Jahr, zartschmelzende Ideen mit Schokolade und Caramel… Auch pikante Überraschungen zum Apéro, mh!

→ Art. 27140.998

Saucengerichte

Neue Saucengerichte für jede Gelegenheit: international inspiriert, klassisch und neu interpretiert, mit Pasta, auch kalte Saucen und Dips. Mit vielen Tipps und Tricks.

→ Art. 27180.998

Schnell & einfach Band 1

100 Lieblingsrezepte aus der Betty Bossi Zeitung. Die «schnell & einfach» -Rezepte sind in nur 30 Minuten zubereitet. 25 schnelle und feine Ideen für jede Jahreszeit.

→ Art. 27088.998

Schnell & einfach Band 2

Nach dem Bestseller 2015 erscheint neu Band 2: Er enthält Ihre 100 beliebtesten Rezepte aus der Rubrik «schnell & einfach» der Betty Bossi Zeitung von 2015 bis 2019.

→ Art. 27154.998

Schwiizer Chuchi

Traditionsreiche Klassiker, neue, marktfrische Küche mit einheimischen Zutaten. Dazu Klassiker, neu interpretiert: aus denselben Zutaten ist ein neues Gericht entstanden, aber immer noch «ächt schwiizerisch».

→ Art. 27046.998

Topfbrote

Herrlich krosse Kruste, luftig feuchte Krume! Auch Teige ohne Kneten. Brot-Lieblingen wie Ruchbrot und viele neue Kreationen, auch Überraschungsbrote mit Wow-Effekt.

→ Art. 27162.998

Vegan

Entdecke in diesem Buch beliebte Klassiker, vegan interpretiert, und neue, trendige Kreationen, dazu viele Informationen, wie du dich gesund vegan ernähren kannst.

→ Art. 27186.998

Zart gegart

Kalb, Rind, Schwein, Lamm, Geflügel und Fisch: so zart und saftig! Niedergaren, Sous-vide und 120-Grad-Methode für edle und preiswerte Stücke mit Beilagen und Saucen.

→ Art. 27104.998

Ein Abo mit vielen Vorteilen

Betty Bossi Zeitung

10-mal pro Jahr beliebte saisonale Rezepte

- Rezepte für die kreative Alltagsküche und fürs Wochenende
- Mit der bewährten Betty Bossi Geling-Garantie!
- Viele clevere Tipps & Tricks

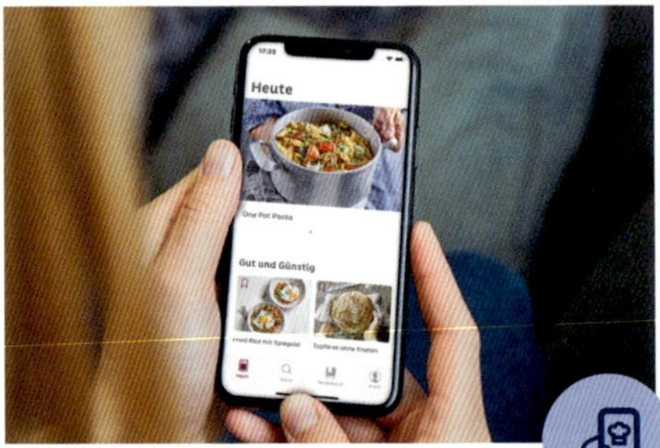

Betty Bossi App

Mit Ihrem Abo haben Sie vollen Zugriff auf alle Rezepte in der App

- Inklusive aller Zeitungsrezepte
- Favoriten speichern
- Tägliche Koch- und Back-Inspirationen

Abo-Vorzugspreise

Dank Ihrem Abo profitieren Sie von den exklusiven Vorzugspreisen auf Betty Bossi Produkte und neue Kochbücher.

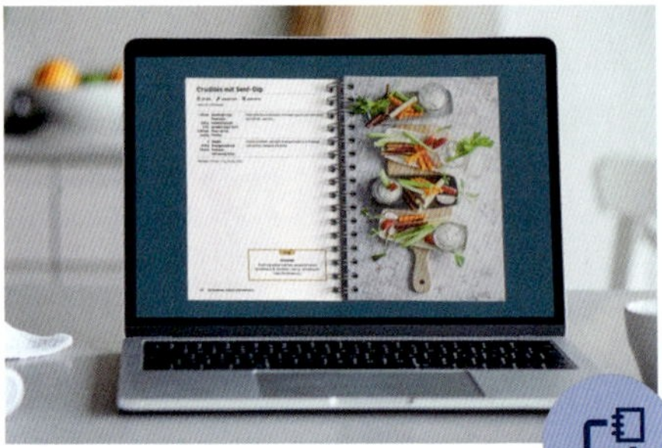

Digitale Kochbücher

Mit einem aktiven Abo haben Sie gratis Zugriff auf die digitalen Versionen aller von Ihnen bei uns gekauften Betty Bossi Bücher.

Betty Bossi Print & Digital

Betty Bossi

Bitte frankieren

Betty Bossi
Postfach
8902 Urdorf
Schweiz

Bitte senden Sie mir weitere Bestell-Karten zu.

Anzahl: ______

Betty Bossi

Bitte frankieren

Betty Bossi
Postfach
8902 Urdorf
Schweiz

Bitte senden Sie mir weitere Bestell-Karten zu.

Anzahl: ______

Bestell-Karte für Betty Bossi Kochbücher

2019100

Anzahl		Artikel	Preis*
	Apéro & Fingerfood	27122.998	Fr. 36.95
	Backen in der Weihnachtszeit	27028.998	Fr. 21.95
	Betty backt mit dir	27182.998	Fr. 9.95
	Betty Bossi Backbuch	20003.998	Fr. 21.95
	Blitzgratin & schnelle Lasagne	27160.998	Fr. 21.95
	Brot & Brötchen	27118.998	Fr. 36.95
	Brownies & Brookies	27166.998	Fr. 21.95
	Cheesecakes	27158.998	Fr. 21.95
	Crème brûlée	27170.998	Fr. 21.95
	Das grosse Betty Bossi Kochbuch	27018.998	Fr. 49.95
	Das grosse Dessertbuch	27128.998	Fr. 36.95
	Die beliebtesten 50 Rezepte	27136.998	Fr. 17.95
	Echt italienisch	27068.998	Fr. 36.95
	Entspannt verwöhnen	27130.998	Fr. 36.95
	Fruchtig-süsse Wähen	27102.998	Fr. 21.95
	Fruchtige Tiramisu	27120.998	Fr. 21.95

Anzahl		Artikel	Preis*
	Gesund & schlank Band 1	27064.998	Fr. 21.95
	Gesund & schlank Band 2	27076.998	Fr. 36.95
	Gesund & schlank Band 3	27092.998	Fr. 36.95
	Gesund & schlank Band 4	27098.998	Fr. 36.95
	Gesund & schlank Band 5	27108.998	Fr. 36.95
	Gesund & schlank Band 6	27116.998	Fr. 36.95
	Gesund & schlank Band 7	27132.998	Fr. 36.95
	Gesund & schlank Band 8	27146.998	Fr. 36.95
	Gesund & schlank Band 9	27172.998	Fr. 36.95
	Gesund kochen	27080.998	Fr. 21.95
	Grill-Beilagen	27152.998	Fr. 17.95
	Gugelhopf	27156.998	Fr. 21.95
	Gut & günstig	27178.998	Fr. 29.95
	Heute kocht mein Ofen	27112.998	Fr. 36.95
	Knusprig gebacken	27142.998	Fr. 36.95
	Knusprige Brötchen	27176.998	Fr. 21.95

Anzahl		Artikel	Preis*
	Kuchenduft	27074.998	Fr. 36.95
	Lava Cakes	27138.998	Fr. 21.95
	Lieblingsfleisch	27148.998	Fr. 36.95
	Lustvoll vegetarisch	27072.998	Fr. 36.95
	Mit Kruste und Haube	27184.998	Fr. 21.95
	Pasta	27096.998	Fr. 36.95
	Restenlos geniessen	27110.998	Fr. 36.95
	Rolls & Schnecken	27164.998	Fr. 21.95
	Rouladen	27140.998	Fr. 21.95
	Saucengerichte	27180.998	Fr. 36.95
	Schnell & einfach Band 1	27088.998	Fr. 21.95
	Schnell & einfach Band 2	27154.998	Fr. 21.95
	Schwiizer Chuchi	27046.998	Fr. 36.95
	The Swiss Cookbook	27048.998	Fr. 36.95
	Topfbrote	27162.998	Fr. 21.95
	Vegan	27186.998	Fr. 14.95
	Zart gegart	27104.998	Fr. 36.95

Die Rechnung geht an ☐ Frau ☐ Herr

Kundennummer

Name

Vorname

Strasse

PLZ/Ort

*Preisänderung vorbehalten, zzgl. Versandkosten

Betty Bossi

Bitte frankieren

Bitte senden Sie mir weitere Bestell-Karten zu.

Anzahl: ______

Betty Bossi
Postfach
8902 Urdorf
Schweiz